BEI GRIN MACHT SICH I
WISSEN BEZAHLT

Christian Zangenberg

Möglichkeiten und Grenzen des elektronischen Einkaufs von direkten Gütern

GRIN Verlag

Bibliografische Information der Deutschen Nationalbibliothek:

Die Deutsche Bibliothek verzeichnet diese Publikation in der Deutschen National-
bibliografie; detaillierte bibliografische Daten sind im Internet über http://dnb.d-
nb.de/ abrufbar.

Impressum:

Copyright © 2001 GRIN Verlag GmbH
Druck und Bindung: Books on Demand GmbH, Norderstedt Germany
ISBN: 978-3-656-20522-7

Dieses Buch bei GRIN:

http://www.grin.com/de/e-book/18484/moeglichkeiten-und-grenzen-des-elektroni-
schen-einkaufs-von-direkten-guetern

GRIN - Your knowledge has value

Der GRIN Verlag publiziert seit 1998 wissenschaftliche Arbeiten von Studenten, Hochschullehrern und anderen Akademikern als eBook und gedrucktes Buch. Die Verlagswebsite www.grin.com ist die ideale Plattform zur Veröffentlichung von Hausarbeiten, Abschlussarbeiten, wissenschaftlichen Aufsätzen, Dissertationen und Fachbüchern.

Besuchen Sie uns im Internet:

http://www.grin.com/

http://www.facebook.com/grincom

http://www.twitter.com/grin_com

GLOBAL RESEARCH & INFORMATION NETWORK

Möglichkeiten und Grenzen des elektronischen Einkaufs von direkten Gütern

von

Christian Zangenberg

Möglichkeiten und Grenzen des elektronischen Einkaufs von direkten Gütern

Seminararbeit im Rahmen des Seminars
e-Procurement
Wintersemester 01/02

vorgelegt am: 16.08.2001
von: Christian Zangenberg

Inhaltsverzeichnis

1 Einleitung

Das Electronic Business, besser bekannt als E-Business, verändert in zunehmenden Maße die heutigen Unternehmensstrukturen. Es gibt kaum noch einen Bereich der ohne das Internet auskommt. Insbesondere bei den Abläufen von Geschäftsprozesse wird dieser Wandel immer deutlicher. Deutschland ist dabei gerade erst im Anfangsstadium. Vergleiche mit den Vereinigten Staaten haben gezeigt, das die IT-Branche[1] hierzulande ungefähr drei bis vier Jahre mit der Entwicklung und Nutzung neuer Technologien im Rückstand ist. Diesen Wettbewerbsnachteil aufzuholen wird immer mehr zum Bestreben vieler Unternehmen.[2]

War bis vor kurzem noch die reine Informationsbeschaffung Mittelpunkt der Internetnutzung, verlagert sich der Schwerpunkt jetzt immer mehr auf die Reorganisation des gesamten Geschäftsprozesses mit Hilfe von E-Business Lösungen.

Insbesondere die Beschaffungsprozesse bieten eine gute Basis für diese Umstrukturierung. Kein anderer Bereich bietet bessere Möglichkeiten, das ständig wachsende Kommunikationsnetz zu einer Reduktion von Kosten zu nutzen. Bereits heute planen laut einer Studie der KPMG-Consulting 85% aller befragten deutschen Unternehmen in 3 Jahren E-Business Anwendungen im Bereich der Beschaffung einzusetzen.[3] Das sog. E-Procurement ist dabei der Lösungsansatz. Prozesse werden durch dieses Konzept beschleunigt und Ihre Komplexität wesentlich vereinfacht. Kostenreduktionen in einer Größenordnung von 35 bis 65% sollen somit erreicht werden.[4]

Allerdings ist der Weg dorthin nicht ganz einfach. Nicht jedes Gut, das für den reibungslosen Ablauf eines Unternehmens benötigt wird, lässt sich einfach über das Internet bestellen. Um den Einsatz des E-Procurement möglichst effektiv zu gestalten sind umfassende Maßnahmen nötig. Dies reicht von der Reorganisation

---

[1] IT: Abkürzung für Informations Technologie
[2] Vgl. Möhrstädt, Detlef / Bogner, Phillip / Paxian Sascha: Electronic Procurement – planen – einführen - nutzen, 2001,S. 2.
[3] Vgl. Brenner, Walter / Zarnekov, Rüdiger: E-Procurement – Potentiale, Einsatzfelder und Entwicklungstrends. In Hermanns, Arnold. / Sauter Michael (Hrsg.): Management Handbuch E-Commerce: Grundlagen, Strategien, Praxisbeispiele, 2. Auflage, S. 488.
[4] Vgl. Möhrstädt, Detlef / Bogner, Phillip / Paxian Sascha: Electronic Procurement – planen – einführen - nutzen, 2001, S. 3.

einzelner Prozesse bis hin zur Neustrukturierung ganzer innerbetrieblicher Abläufe. Auch die einzelnen Güter müssen auf Ihre Tauglichkeit hin geprüft werden.

Diese Arbeit soll nun zunächst einen Überblick über die verschiedenen Güter, die es zu beschaffen gilt, geben. Dabei wird auf die in Fachkreisen bekannte Unterscheidung von direkten und indirekten Gütern eingegangen.

Anschließend wird dem Leser der Begriff E-Procurement und seine Einordnung in das Konzept des E-Business erläutert.

Kern dieser Arbeit bildet dann die Betrachtung des Einkaufs von direkten Gütern mit Hilfe internetbasierte Anwendungen. Es wird versucht, die Möglichkeiten der Beschaffung dieser Güter mit den verschieden, bekannten Systemen des E-Procurement zu erläutern, welche Kosten dabei entstehen und welcher Nutzen sich für die Unternehmen ergibt.

Abschließend erfolgt eine Zusammenfassung der Ergebnisse und Schlussbetrachtung der möglichen Entwicklungstendenzen.

2 Grundlagen

2.1 Arten von Gütern

Die Einkaufsabteilung ist wohl mit einer der wichtigsten Bereiche in einem Unternehmen. Verschiedenste Güter müssen bereitgestellt werden, um den Leistungserstellungsprozess am Leben zu erhalten. Die Beschaffung dieser Güter richtet sich in den meisten Unternehmen nach der Art ihrer Verwendung bzw. ihrem Wert in der Wertschöpfungskette und ist daher nicht für alle gleich. Die allgemein bekannteste Unterscheidung ist die in direkte und indirekte Güter.

Indirekte Güter, C-Teile oder auch MRO (Maintenance-, Repair- und Operationsteile) Produkte, gehen nicht direkt in die Produktion ein. Es sind Güter des Konsums, d.h. sie dienen der Nutzung im eigenen Unternehmen. Diese Verbrauchsgüter werden also im Unternehmen selbst verwendet oder sie dienen als Gebrauchsgüter zum Aufbau der Firmeninfrastruktur.[5]

---

[5] Vgl. Brenner, Walter / Zarnekov, Rüdiger: E-Procurement – Potentiale, Einsatzfelder und Entwicklungstrends. In Hermanns, Arnold. / Sauter Michael (Hrsg.): Management Handbuch E-Commerce: Grundlagen, Strategien, Praxisbeispiele, 2. Auflage, S. 488.

Die sog. MRO-Güter werden im Unternehmen für die Instandhaltung, die Wartung, die Reparatur oder den Betrieb von beispielsweise Maschinen eingesetzt. Zu dieser Gruppe zählen ebenfalls die Produkte für die Forschung und Entwicklung, wie z.b. Mess- und Zusatzgeräte oder Laborbedarf, als auch die Produktionsanlagen selbst. Werden Dienstleistungen von Fremdunternehmen in Anspruch genommen die z.b. die Wartung betreffen, werden diese Leistungen ebenfalls den MRO-Gütern zugeordnet.[6]

Im administrativen Bereich sind indirekte Güter z.b. Büromöbel und –material aber auch PC's. Sie werden oft gesondert aufgeführt, bilden also eine zweite Kategorie neben den MRO-Gütern.

Die Bedarfe an indirekte und MRO-Gütern sind im allgemeinen wie folgt gekennzeichnet.

Die Produkte haben einen geringen Einzelwert gegenüber direkten Produkten, werden aber häufiger bestellt. Ihre Funktion ist meistens eindeutig gekennzeichnet, da sie meistens Standards und Normen unterliegen. Außerdem sind diese Güter eindeutig zu identifizieren im Hinblick auf ihren Verwendungszweck. Außerdem ist das Beschaffungsrisiko meist niedrig, was zum einen durch den Preis begründet ist und andererseits diese Produkte ohne Probleme kurzfristig, regional oder überregional aus den unterschiedlichsten Quellen zu beschaffen sind.[7]

Direkte Güter gehen in das Kerngeschäft des Unternehmens ein. Diese Güter, häufig in der Literatur auch unter A- und B- Teilen geführt, sind bei Handelsunternehmen für den Weiterverkauf und bei der Industrie für die Weiterverarbeitung bestimmt.[8] Sie sind in Ihrer Beschaffung oftmals zeitkritisch und von hoher strategischer Bedeutung, da Ihr Fehlen zum Stillstand des Produktionsprozesses führen kann. Außerdem bestehen bei den meisten Firmen langfristige Lieferverträge mit den Zuliefer-Unternehmen, Partnerschaften oder Allianzen, die einerseits keine kurzfristigen Änderungen in der Bestellmenge oder dem Preis zulassen, anderseits aber auch mit erheblichen Investitionen verbunden sind.

---

[6] Vgl. Dolmetsch, Ralph: eProcurement – Sparpotentiale im Einkauf, 2000, S. 50.
[7] Vgl. Möhrstädt, Detlef / Bogner, Phillip / Paxian Sascha: Electronic Procurement – planen – einführen - nutzen, 2001,S. 10, Abb. 1.6.
[8] Vgl. Dolmetsch, Ralph: eProcurement – Sparpotentiale im Einkauf, 2000, S. 50.

Einzelteile in der Autoindustrie, die nach dem Just-In-Time-Konzept von einem Zulieferer direkt an das Band zur Verarbeitung geliefert werden, sind hierfür ein Beispiel.[9]

Oftmals sind die gegenseitigen Verknüpfungen auch so eng, das Veränderungen in der Logistik oder Abwicklung von Prozessen Auswirkungen auf die verbundenen Unternehmungen hat. Die Beschaffung direkter Güter ist also meistens langfristig festgelegt und die Entscheidungskompetenz für den Einkauf liegt auf der höchsten Managementebene.

Direkte Güter werden also weitestgehend traditionell beschafft. Tendenzen dies zu ändern gibt es zwar schon, beispielsweise wollen die Automobilhersteller Ford, General Motors und Daimler Chrysler mittelfristig Ihren gesamten Bedarf an indirekten als auch an direkten Gütern über eine internetbasierten Marktplatz abwickeln[10], aber die meisten Unternehmen scheuen sich noch vor dem Einsatz der Internet-Technologie bei Ihrer Beschaffung.[11]

2.2 E-Procurement – Definition und Bestandteile

Definition: Unter E-Procurement versteht man den eng am kundenspezifischen Nutzen orientierten, elektronischen Beschaffungsprozess mit dem Ziel die Versorgung mit Gütern aus der Sicht des Unternehmens effizient zu gestalten.[12]

Anders ausgedrückt bedeutet E-Procurement, die Nutzung von Kommunikations- und Informationssystemen zur elektronischen Unterstützung und Integration von Beschaffungsprozessen. Es ist also ein Teilkonzept des E-Business, das alle Geschäftsbeziehungen zwischen Lieferant und Firmenkunde umfasst.

Eine eindeutige Zuordnung zu einer Abteilung oder zu einem Teilbereich der Wertschöpfungskette ist nicht möglich. Vielmehr betrifft das E-Procurement Konzept mehrere Bereich gleichzeitig. So wird nicht nur die Beschaffung,

---

[9] Vgl. Dolmetsch, Ralph: eProcurement – Sparpotentiale im Einkauf, 2000, S. 50.
[10] Vgl. Brenner, Walter / Zarnekov, Rüdiger: E-Procurement – Potentiale, Einsatzfelder und Entwicklungstrends. In Hermanns, Arnold. / Sauter Michael (Hrsg.): Management Handbuch E-Commerce: Grundlagen, Strategien, Praxisbeispiele, 2. Auflage, S. 488.
[11] Cybiz, Fachmagazin für E-Commerce, erschienen im September 2000, S. 9.
[12] Vgl. KPMG Consulting: Electronic Procurement – Chancen, Potenziale, Gestaltungsansätze, erschienen im Januar 2000.

sondern auch die Materialwirtschaft und Logistik eines Unternehmens mit einbezogen und beeinflusst.

Ziel dieses Konzeptes ist eine Kostenreduktion, Zeitersparnis und Qualitätssteigerung und als Folge der angestrebte Wettbewerbsvorteil gegenüber den jeweiligen Konkurrenten.[13]

Die Kostenreduktion bildet sicherlich den Schwerpunkt bei der Entscheidung für eine E-Procurement Lösung. Insbesondere bei der Beschaffung der indirekten Güter liegen hohe Potentiale. Ihr Einkauf ist häufig nicht effizient, da ihr Wert in Verhältnis zum Aufwand der Beschaffung eher gering ist. Verschiedene Studien haben Einsparpotentiale von bis zu 80% in diesem Bereich errechnet.[14]

Die Zeitersparnis ist ein weiterer Faktor. Die Automatisierung und Reduktion manueller Prozesse in der Beschaffung führt zu einer Verkürzung der Prozesslaufzeiten. Die eingesparte Zeit kann dann in die Verbesserung der Qualität gesteckt werden und entlastet zudem den Einkauf. Der Einkäufer kann jetzt eine intensive Marktrecherche durchführen oder die Beschaffungsstrategie optimieren.

Als Bestandteil des E-Business ist das E-Procurement in zwei Komponenten aufgeteilt.

Für den Einkäufer stehen in der Beschaffung auf der einen Seite die Systeme des E-Catalog[15] und andererseits die des E-Request[16] zur Verfügung. Die Auswahl des richtigen Systems erfolgt meistens über die Art der zu ordnenden Gütern.

E-Request beinhaltet die elektronischen Auktionen und Ausschreibungen und ist für diejenigen Güter gedacht, die hochwertig aber unregelmäßig benötigt werden. Im Gegensatz dazu stehen die E-Catalog-Systeme. Diese Systeme, besser bekannt als Desktop-Purchasing-Systeme sind vor allem bei der Bestellung von

---

[13] Vgl. Mag. Flicker, Alexandra / Prof. Dr. Dr. Höller, Johann : E-Commerce auf Basis von Internettechnologien im Beschaffungswesen (Kurzfassung), Studie der Abteilung für Telekommunikation, Information und Medien, Donau-Universität Krems 2001, S.20.
[14] Vgl. Brenner, Walter / Zarnekov, Rüdiger: E-Procurement – Potentiale, Einsatzfelder und Entwicklungstrends. In Hermanns, Arnold. / Sauter Michael (Hrsg.): Management Handbuch E-Commerce: Grundlagen, Strategien, Praxisbeispiele, 2. Auflage, S. 491.
[15] Vgl. Brenner, Walter / Zarnekov, Rüdiger: E-Procurement – Potentiale, Einsatzfelder und Entwicklungstrends. In Hermanns, Arnold. / Sauter Michael (Hrsg.): Management Handbuch E-Commerce: Grundlagen, Strategien, Praxisbeispiele, 2. Auflage, S. 488.
[16] Vgl. Brenner, Walter / Zarnekov, Rüdiger: E-Procurement – Potentiale, Einsatzfelder und Entwicklungstrends. In Hermanns, Arnold. / Sauter Michael (Hrsg.): Management Handbuch E-Commerce: Grundlagen, Strategien, Praxisbeispiele, 2. Auflage, S. 488.

Verbrauchsgütern zu finden und sollen den Einkauf entlasten, da jeder Mitarbeiter mit Ihrer Hilfe in der Lage ist seinen Bedarf individuell zu ordern.[17]

In dem folgenden Abschnitt werden diese Systeme und ihre Bedeutung im Rahmen der Beschaffung direkter Güter näher erläutert.

3 Internetbasierte Beschaffung von direkten Gütern

Das E-Procurement Konzept besteht aus mehreren Teilen, wobei die einzelnen Teilbereiche in ihrer technischen und organisatorischen Komplexität der Reihenfolge nach zunehmen.

3.1 Direct Purchasing

Das sog. Direct Purchasing ist eines der Kernkonzepte des E-Procurement. Es ermöglicht die Beschaffung von Produkten über elektronische Kataloge durch jeden Mitarbeiter eines Unternehmens. Mit Hilfe dieses Systems wird der Einkauf von einer Vielzahl an operativen Tätigkeiten entlastet und gleichzeitig der Beschaffungsprozess optimiert. Bestandteil dieser Systeme ist außerdem ein integriertes Workflowmanagment, das sich an den bestehenden Beschaffungsprozessen orientiert, und somit die Effizienz der Prozesse verbessert. Zentrales Element des Direct Purchasing sind die elektronischen Kataloge. Sie werden in die sog. Lieferantenkataloge (Shop Systeme) und Käuferkataloge (Desktop Purchasing Systeme) unterschieden.

In der ersten Variante kann der Einkäufer über das Internet direkt auf den Katalog des Lieferanten zugreifen und dort eine Bestellung auslösen. Beispiele für Shop Systeme sind *Dell Premier Pages*[18] oder *Ahrend Online*[19].

Der Vorteil dieses Systems besteht darin, das dem abnehmenden Unternehmen keine Kosten für den Aufbau und das Management eines eigenen Shops entstehen, da diese Verantwortung auf der Seite des Lieferanten liegt. Die Anbindung des Kataloges an das lieferantenseitige Warenwirtschaftssystem ist ebenfalls möglich,

---

[17] Vgl. Brenner, Walter / Zarnekov, Rüdiger: E-Procurement – Potentiale, Einsatzfelder und Entwicklungstrends. In Hermanns, Arnold. / Sauter Michael (Hrsg.): Management Handbuch E-Commerce: Grundlagen, Strategien, Praxisbeispiele, 2. Auflage, S. 494.
[18] Vgl. www.dell.de/premier (Stand 30.07.2001).
[19] Vgl. www.ahrendonline.de (Stand 30.07.2001).

wodurch aktuelle Preis und Verfügbarkeitsdaten vom Kunden abgerufen werden können.[20]

Allerdings ist eine Einbindung dieser Kataloge seitens des Abnehmners in unternehmensspezifische Anwendungssysteme für bestimmte Prozesse, wie z.b. Genehmigungsverfahren und Budgetgrenzen nicht möglich. Dies liegt an der unterschiedlichen Art und Weise, wie diese Kataloge aufgebaut sind, wodurch auch eine katalogübergreifende Recherche des Abnehmers verhindert wird.

Desktop Purchasing Systeme sind dagegen Systeme, die auf der Abnehmerseite aufgebaut und betreut werden. Die zugrundeliegenden elektronischen Kataloge werden in regelmäßigen Abständen von den Lieferanten aktualisiert, sei es per CD-Rom oder Internet. Der Zugriff der Einkäufer bzw. in diesem Fall jedes einzelnen Mitarbeiters erfolgt über das unternehmensinterne Netzwerk, dem Intranet. Die unterschiedlichen Kataloge werden dabei so konvertiert, das ein einheitliches Format entsteht. Dadurch ist auch die Integration in die unternehmensspezifischen Workflows möglich. Beispiele für diese Systeme findet man bei SAP oder Oracle.[21]

3.2 Ausschreibungen vs. Auktionen

Eine weitere Möglichkeit der Beschaffung von Gütern über das Internet ist die elektronischen Ausschreibungen und Auktionen.

Da sich nicht alle Produkte eines Unternehmens auf der Basis von Direct Purchasing beschaffen lassen, weil sie entweder nicht sinnvoll in einem Katalog abzubilden sind oder Beschaffungsprozesse oder Preisbildungsmechanismen enthalten, die im Direct Purchasing nicht umzusetzen sind, greift man auf diese Methode zurück. Dies gilt insbesondere für direkte Güter.[22]

---

[20] Vgl. Brenner, Walter / Zarnekov, Rüdiger: E-Procurement – Potentiale, Einsatzfelder und Entwicklungstrends. In Hermanns, Arnold. / Sauter Michael (Hrsg.): Management Handbuch E-Commerce: Grundlagen, Strategien, Praxisbeispiele, 2. Auflage, S. 495.
[21] Vgl. Brenner, Walter / Zarnekov, Rüdiger: E-Procurement – Potentiale, Einsatzfelder und Entwicklungstrends. In Hermanns, Arnold. / Sauter Michael (Hrsg.): Management Handbuch E-Commerce: Grundlagen, Strategien, Praxisbeispiele, 2. Auflage, S. 496.
[22] Vgl. Brenner, Walter / Zarnekov, Rüdiger: E-Procurement – Potentiale, Einsatzfelder und Entwicklungstrends. In Hermanns, Arnold. / Sauter Michael (Hrsg.): Management Handbuch E-Commerce: Grundlagen, Strategien, Praxisbeispiele, 2. Auflage, S. 498.

Ausschreibungen ermöglichen es dem Nachfrager, Angebote auf verschiedene Leistungen und Produkte einzuholen, diese zu vergleichen und dann das geeignetste Produkt auszuwählen. Diese Art der Beschaffung findet man häufig bei Gütern mit einem hohen Spezialisierungsgrad, einem hohen Beschaffungsvolumen und einer geringen Bestellhäufigkeit.

Unterstützt werden diese Auktionen durch moderne Informations- und Kommunikationssysteme, welche den Vorteil haben, das sehr viele Lieferanten aufgrund der großen Verbreitung erreicht werden, andererseits aber auch die Prozesskosten für die Durchführung sinken.[23]

Elektronische Auktionen sind erst mit der Einführung des E-Procurement wieder in Betracht gezogen worden. Sie stellen praktisch eine Ausbaustufe der Ausschreibungen dar und werden meist in einkaufs- und verkaufsorientierte Auktionen unterschieden. Verkaufsorientierte Auktionen werden durch den Vertrieb organisiert und dienen dem Abbau von Lagerbeständen z.B. an Rohstoffen, wohingegen die Einkaufsorientierten die Beschaffung von Gütern zum niedriegst möglichen Preis zum Ziel hat. Über den Erfolg oder Misserfolg entscheiden dabei die Regel der betreffenden Auktion. So müssen z.B. Gebotsschritte, zeitlicher Rahmen, das Startgebot usw. sinnvoll definiert sein und auch allen Teilnehmern bekannt gemacht werden.[24]

Da kaum ein Unternehmen Erfahrung auf diesem Gebiet besitzt, werden die zentralen Schritte solche Auktionen und Ausschreibungen meistens von einem externen Dienstleister durchgeführt, häufig im Rahmen von elektronischen Marktplätzen.

3.3 Elektronische Marktplätze

Elektronische Marktplätze sind im Prinzip virtuelle Abbilder der realen Welt. Hier treffen viele Anbieter und Lieferanten zusammen und verhandeln über Produkte. Ihre Bedeutung im Rahmen von E-Procurement Lösungen hat in der letzten Zeit enorm zugenommen.

---

[23] Vgl. Brenner, Walter / Zarnekov, Rüdiger: E-Procurement – Potentiale, Einsatzfelder und Entwicklungstrends. In Hermanns, Arnold. / Sauter Michael (Hrsg.): Management Handbuch E-Commerce: Grundlagen, Strategien, Praxisbeispiele, 2. Auflage, S. 498.

[24] Vgl. Brenner, Walter / Zarnekov, Rüdiger: E-Procurement – Potentiale, Einsatzfelder und Entwicklungstrends. In Hermanns, Arnold. / Sauter Michael (Hrsg.): Management Handbuch E-Commerce: Grundlagen, Strategien, Praxisbeispiele, 2. Auflage, S. 499.

Die Vorteile solcher Marktplätze liegen auf der Hand. Ein große Zahl von Unternehmen, mit einer entsprechenden Nachfrage- und Angebotsmacht werden zusammengeführt, wodurch eine hohe Markttransparenz erzeugt wird. Die meisten Marktplätze werden durch bestimmte Dienstleister gesteuert, die sich auf die verschiedensten Branchen spezialisiert haben und den Teilnehmern ihr Wissen in der Anbahnung und Abwicklung von Transaktionen zur Verfügung stellen. Fast alle Branchen verfügen mittlerweile über elektronische Marktplätze. Beispiele sind *Foodtrader* aus der Agrarwirtschaft, *Cheop* in der Chemieindustrie oder *Goodax.com* für Industriegüter[25], um nur einige zu nennen. Ihre Anzahl steigt stetig an, allerdings bleibt abzuwarten welche dieser Marktplätze sich in Zukunft durchsetzen können. So streben bereits jetzt einige dieser Dienstleister wieder Kooperationen an, um die enormen Kosten für die Verwaltung und Aktualisierung zu senken und damit ihre Position wiederum gegenüber Mitbewerber zu stärken. Auch eine Umstellung der Funktionsweise der Marktplätze zur Schaffung von Schnittstellen zu ihren Kunden und deren internen Beschaffungsprozessen soll zu diesem Prozess beitragen.[26]

4 Bewertung der Systeme in Bezug auf direkte Güter

Die im vorrangegangenen Abschnitt vorgestellten Systeme der Beschaffung stellen bei näherer Betrachtung teilweise sehr hohe Anforderungen an das Unternehmen, welches ihre Einführung plant. Nicht jede E-Procurement Lösung ist für jedes Unternehmen und die Beschaffung aller Güter einsetzbar.

Im Rahmen dieses Abschnitts wird nun Ihre Anwendbarkeit auf die Beschaffung von direkten Gütern untersucht, wie der Geschäftsprozess ausgelegt sein muss und welche Kosten bzw. welcher Nutzen dem Unternehmen durch ihre Einführung entsteht.

---

[25] Vgl. Cybiz, Fachmagazin für E-Commerce, erschienen im September 2000, S. 28.
[26] Vgl. Brenner, Walter / Zarnekov, Rüdiger: E-Procurement – Potentiale, Einsatzfelder und Entwicklungstrends. In Hermanns, Arnold. / Sauter Michael (Hrsg.): Management Handbuch E-Commerce: Grundlagen, Strategien, Praxisbeispiele, 2. Auflage, S. 500.

4.1 Anforderungen an den Geschäftsprozess

Im allgemeinen Besteht der Geschäftsprozess der Beschaffung von direkten Gütern aus den folgenden Komponenten: Information, Verhandlung und Abwicklung.[27]

In der Informationsphase wird der Bedarf ermittelt und anschließend die verschiedenen Produkte, ihre Anbieter und Konditionen zunächst gesammelt und dann ausgewertet.

In der darauffolgenden Verhandlungsphase werden zwischen Anbieter und Nachfrager Preise, Verfügbarkeiten und weitere Konditionen des Geschäfts geregelt.[28]

Die Abwicklung beinhaltet den Austausch der vereinbarten Leistung unter Einhaltung der vereinbarten Konditionen.[29]

Allerdings reicht es nicht aus, sich nur den Geschäftsprozess der Beschaffung an sich zu betrachten. Vielmehr ist für einen Erfolg einer E-Procuremnt Lösung die Gesamtheit aller Prozesse mit ihren Schnittstellen zu analysieren, um eine Optimierung in Zeit, Qualität und Kosten zu erreichen. Auf der Basis dieses Ist-Zustandes kann dann eine Soll- Anforderung erarbeitet werden, die mit der Umsetzung der entsprechenden Technologien endet.[30]

Für den Bereich des Einkaufs von direkten Gütern gestaltet sich dies eher schwierig bis hin zu fast unmöglich, da in den meisten Unternehmen langfristig ausgelegte Lieferantenbeziehungen existieren, die einerseits eine Umstellung der Prozesse im eigenen Haus erfordern würden, aber auch den Lieferanten miteinbeziehen, so das dort ebenfalls Kosten entsehen.

Lediglich für einmalige Projekte und Großaufträge werden derzeit elektronische Auktionen oder Ausschreibungen eingesetzt um direkte Güter zu beschaffen.

Allerdings zeichnet sich ein langsamer Wandel ab. Einige Unternehmen wollen auch das Direct Purchasing für die Beschaffung einsetzen, wobei eine

---

[27] Vgl. Dolmetsch Ralph, eProcurement – Sparpotentiale im Einkauf, 2000, S 30.
[28] Vgl. Dolmetsch Ralph, eProcurement – Sparpotentiale im Einkauf, 2000, S 30.
[29] Vgl. Dolmetsch Ralph, eProcurement – Sparpotentiale im Einkauf, 2000, S 30.
[30] Vgl. Möhrstädt, Detlef / Bogner, Phillip / Paxian Sascha: Electronic Procurement – planen – einführen - nutzen, 2001.

Kombination mit eigenen oder auch externen elektronischen Marktplätzen angestrebt wird.

Entscheidend für den Erfolg solcher Überlegungen ist aber eine genaue Kenntnis der eigenen Abläufe im Unternehmen, sowie möglichst gut strukturierbare und standardisierbare Güter.

4.2 Kosten/Nutzen Analyse

Die Kosten/Nutzen Analyse ist ein Bestandteil der Vorüberlegungen bei der Entscheidung für ein E-Procurement – Projekt. Wichtige Aspekte sind die in der Einleitung bereits angesprochenen Faktoren der Kostenreduktion, Zeitersparanis und Qualitätssteigerung.

Den wesentlichsten Teil der Einsparungen bildet die Optimierung des Beschaffungsprozesses.[31] Insbesondere die Beschaffung von direkten Gütern ist oft mit enormen Kosten verbunden, welches auf die Art der Güter zurückzuführen ist.

E-Procurment Lösungen sollen Einstandspreise reduzieren. Dies wird insbesondere durch den Einsatz von dynamischen Preisbildungsmechanismen wie es bei Auktionen und Ausschreibungen der Fall ist realisiert. Allerdings ist der Umfang dieser Effekte bis heute noch nicht genau zu beurteilen.

Die Automatisierung von Prozessen entlastet den Einkauf und gibt somit Zeitressourcen frei, die wiederum in eine Qualitätsverbesserung gesteckt werden können, z.B. mehr Zeit für Recherche und Optimierung der Lieferantenbeziehung, aber auch der Erfahrungsaustausch und die Möglichkeit der eigenen Positionsbestimmung (z.B. durch Preisvergleiche) im Markt kann jetzt durchgeführt werden.[32]

Auch im Hinblick auf den Mitarbeiter selbst ergeben sich Nutzenpotentiale. So erhält dieser z.B. einen größeren Verantwortungsspielraum, da er jetzt sein Budgets im Auge behalten muss, welches eine Vorraussetzung für eine zukunftsorientierte Beschaffung ist.

---

[31] Vgl. Walser, Michael / Zimmer, Andreas : E-Procurement – C-Teile Beschaffung via Internet, erschienen im Rahmen: Leitfaden E-Business, PwC Deutsche Revision AG, Frankfurt am Main, 1999.
[32] Vgl. Möhrstädt, Detlef / Bogner, Phillip / Paxian Sascha: Electronic Procurement – planen – einführen - nutzen, 2001.

Eine nicht unerheblichen Teil nehmen auch die Kosten der Einführung derartiger Systeme in Anspruch, da die Planung und Einführung eines E-Procurement Systems ist ein umfangreicher und kostenintensiver Prozess ist. Eine von ArthurAnderson durchgeführte Studie zeigte, dass unabhängig von der Unternehmensgröße ca. 40% der befragten Firmen mit einem Investitionsvolumen von 100.000 bis 1 Mio. Euro rechnen. 20% gingen sogar von Investitionen in einer Höhe von weit über 1 Mio. Euro aus.[33] Diese Investitionen können nur durch die richtige Strategie und Auswahl von Konzepten wieder aufgeholt werden.

Auch wird die Tatsache verdeutlicht, das die Einführung von E-Procurement nicht nur mit dem Kauf von Hard- und Software getan ist. Die ersten Systeme wurden teilweise über eine Zeitraum von mehreren Jahren eingeführt, was nicht nur an den technischen Aspekten lag, sondern vielmehr in dem organisatorischen Aufwand von der Planung bis hin zur Einführung. Allein durch eine konsequente Nutzung der Techniken des Projektmanagements lassen sich die Kosten der Einführung in Grenzen halten. Viele Anbieter von E-Procurement Lösungen übernehmen heutzutage diese Aufgabe und bieten kompletten Service von Anfang bis Ende und darüber hinaus an. Dies hat den Vorteil, dass das Wissen aus vorangegangenen Projekten miteingebracht werden kann, um Lösungen für spezielle Probleme zu finden.[34]

Zusammenfassend lässt sich aber feststellen, dass eine Kosten/Nutzen-Analyse von E-Procurment Projekten aus heutiger Sicht von den finanziellen und zeitlichen Einsparungsmöglichkeiten bei den Beschaffungsprozessen dominiert ist.[35]

---

[33] Vgl. ArthurAnderson Consultig: Elektronische Beschaffung in der deutschen Industrie, Status und Trends, März 2001.
[34] Vgl. Möhrstädt, Detlef / Bogner, Phillip / Paxian Sascha: Electronic Procurement – planen – einführen - nutzen, 2001.
[35] Vgl. Brenner, Walter / Zarnekov, Rüdiger: E-Procurement – Potentiale, Einsatzfelder und Entwicklungstrends. In Hermanns, Arnold. / Sauter Michael (Hrsg.): Management Handbuch E-Commerce: Grundlagen, Strategien, Praxisbeispiele, 2. Auflage, S. 491.

5 Zusammenfassung

Die rasante Entwicklung neuer Technologien erzeugt einerseits ein äußerst aggressives Markt- und Wettbewerbsumfeld. Anderseits bietet sie den Unternehmen die Chance, durch flexibles Handeln ihre Marktanteile weiter auszubauen.

Die Einführung einer E-Procurement Lösung ist zwar eine komplexe Entscheidung, aber gerade der Bereich Beschaffung gewinnt immer mehr an strategischer Bedeutung, bei der Zukunftsplanung von Unternehmen.

Insbesondere bei den direkten Gütern befinden sich die meisten Firmen noch im Anfangsstadium. Sie scheuen die hohen Investitionen für die Einführung und Wartung der neuen Systeme.[36]

Von einem Desinteresse an den neuen Konzepten kann aber keine Rede sein. Vielmehr besteht einer abwartenden Haltung in den meisten Chefetagen gegenüber der zukünftigen Entwicklung in diesem Bereich.

Potential für Verbesserung im Beschaffungsprozess gibt es genug. Dies ist bei der Beschaffung von indirekten Gütern, die heute schon in den meisten Unternehmen mit E-Procurement Lösungen gestaltet wurden, deutlich zu erkennen. Ebenso wie bei diesen Gütern, kann auch durch die Einführung von Informations- und Kommunikationssytemen im Einkauf von direkten Gütern eine Reduktion der Kosten und weitergehenden Effekte wie Qualitätssteigerung und damit Schaffung von Wettbewerbsvorteilen gegenüber den Konkurrenten erreicht werden.

Obwohl der Markt sich gerade erst entwickelt und große wie kleine Unternehmen diesem Ansatz noch skeptisch gegenüber stehen, bieten die verfügbaren Lösungen heute schon sehr gute Möglichkeiten zur Erreichung dieser Ziele.[37]

---

[36] Vgl. KPMG Consulting: Electronic Procurement – Chancen, Potenziale, Gestaltungsansätze, erschienen im Januar 2000.
[37] Vgl. Walser, Michael / Zimmer, Andreas : E-Procurement – C-Teile Beschaffung via Internet, erschienen im Rahmen: Leitfaden E-Business, PwC Deutsche Revision AG, Frankfurt am Main, 1999.

6 Literaturverzeichnis

Schäfer, Harald / Schäfer, Burkhard: Einkaufsdienstleistungen via Internet,
Köln: Fachverlag Deutscher Wirtschaftsdienst, 2000

Brenner, Walter / Zarnekov, Rüdiger: E-Procurement – Potentiale,
Einsatzfelder und Entwicklungstrends.
In Hermanns, Arnold / Sauter, Michael (Hrsg.): Management Handbuch
electronic commerce: Grundlagen, Strategien, Praxisbeispiele, 2. völlig
überarbeitete Auflage, München: Verlag Franz Vahlen, 2001

Dolmetsch, Ralph: E-Procurement – Sparpotentiale im Einkauf, 1. Auflage,
München: Addison-Wesley Verlag, 2000

Möhrstädt, Detlef G. / Bogner, Philipp / Paxian, Sascha:
Electronic Procurement – planen – einführen – nutzen,
Stuttgart: Schäffer-Poeschel Verlag, 2001

Literatur im Internet (Stand 30.7.2001):

Walser, Michael / Zimmer, Andreas : E-Procurement – C-Teile Beschaffung
via Internet, erschienen im Rahmen: Leitfaden E-Business, PwC Deutsche
Revision AG, Frankfurt am Main, 1999,
http://www.pwcglobal.com/de/ger/ins-sol/publ/5_pwc_e-bus.pdf

Gasser, Albert J.: Evolution des Einkaufs, SVME, Schweiz 2000,
http://www.svme.ch/pdf/00000015.PDF

15

Mag. Flicker, Alexandra / Prof. Dr. Dr. Höller, Johann : E-Commerce auf Basis von Internettechnologien im Beschaffungswesen (Kurzfassung), Abteilung für Telekommunikation, Information und Medien, Donau-Universität Krems 2001, http://www.svme.ch/img/pdf/erps.pdf

Diebold Media, Digital Business Survey: E-Procurement – worum geht es?, erschienen im August 2001, http://www.diebold.de/media/pdf/e-procurement_Artikel.pdf

Studie der ArthurAndersen Consulting Group: Elektronische Beschaffung in der deutschen Industrie – Status und Trends, erschienen im April 2001, http://www.arthurandersen.com/resource2.nsf/vAttachLV/AA_GER_MO_BC_St udie_eProcurement/$File/Study_eProcurement_04_2001.pdf

KPMG Consulting: Electronic Procurement – Chancen, Potenziale, Gestaltungsansätze, erschienen im Januar 2000, http://www.kpmg.de/library/brochures/satellit/ep_Final.pdf

Cybiz – Ihr E-Business Berater: Neue Wege der Beschaffung, erschienen im September 2000, http://212.19.46.03/business/dossier/pages/1.html

B2B-Link.de: E-Procurement, erschienen im Juli 2001, http://www.b2blink.de/eprocurement.htm

B2B-Link.de: Marktplätze, erschienen im Juli 2001, http://www.b2b-link.de/marktplaetze.htm